AF297798

Pièce
8° F
3275

ÉDOUARD FUSTER

CAPITALISATION OU RÉPARTITION

DANS LES

NOUVELLES LOIS ALLEMANDES SUR L'ASSURANCE OUVRIÈRE

(Loi du 1er Juillet 1899 sur l'invalidité,
loi du 30 juin 1900 sur les Accidents).

(Extrait du *Bulletin du Comité permanent du Congrès des Accidents du travail
et des Assurances sociales*
(11e année. — 1900. — No 3. — Juillet-Août-Septembre-Octobre).

PARIS

SECRÉTARIAT GÉNÉRAL DU COMITÉ
20, Rue Louis-le-Grand, 20

—

1901

Pièce
F
3275

E. FUSTER

CAPITALISATION OU RÉPARTITION

dans les nouvelles lois allemandes sur l'assurance ouvrière
(loi du 1er juillet 1899 sur l'invalidité,
loi du 30 juin 1900 sur les accidents).

Au moment où divers Parlements — en France notamment —
sont appelés à se prononcer sur le meilleur système financier en
matière d'assurances sociales, c'est-à-dire sur celui qui impose les
moindres charges à l'industrie tout en garantissant le plus sûre-
ment la créance du blessé ou du vieillard, nous croyons utile de
jeter, de ce point de vue, un rapide coup d'œil sur les travaux
législatifs qui ont abouti, en Allemagne, à la refonte des deux lois
sur l'assurance « de rentes », la loi de 1889 sur la vieillesse et l'invalidité, la loi de 1884 (avec les lois complémentaires) sur les accidents du travail.

Nous reprenons, au moins en ce qui concerne la loi sur l'invalidité, la série des travaux parlementaires depuis 1888, afin de rappeler au lecteur l'évolution des idées sur cette importante question.

Systèmes financiers mis en question ou appliqués [1]. — Trois
systèmes différents ont été mis en discussion : le système des
primes, le système de la répartition, le système de capitalisation
par périodes. Dans le système des primes (ou système des primes
moyennes), des cotisations qui, en principe du moins, doivent
rester invariables, sont demandées afin de couvrir, outre les frais
d'administration, la valeur des rentes que les assurés devront tou-

---

[1] D'après le commentaire d'Isenbart et Spielhagen (Loi 1899 sur l'assurance-invalidité),
p. 201 et suivantes, et d'après le volume publié par l'Office du travail belge sur l'assurance-invalidité en Allemagne.

cher vraisemblablement en cas d'invalidité. Ce système tend donc à constituer le capital représentatif des charges qui naissent continuellement d'année en année, et a ainsi pour conséquence l'accumulation d'un capital qui comprend en tout temps la réserve de primes intégrale nécessaire pour garantir toutes les assurances en cours; il doit suffire, sans qu'on ait à recourir aux cotisations à venir, au paiement de toutes les rentes déjà accordées, jusqu'à leur extinction (mathématiquement probable). Au contraire, dans le système de la répartition, on se borne à demander aux intéressés à la fin de chaque année le montant des sommes qui ont été effectivement nécessaires pendant l'année; le principe ne s'oppose pas du reste à ce qu'il soit constitué un fonds de réserve, en vue de parer à l'imprévu et en outre d'établir une sorte de compensation et de régularisation entre les contributions des diverses années, contributions qui, par une conséquence naturelle du principe, augmentent dans des proportions considérables depuis les contributions faibles du début jusqu'aux contributions payables au point de permanence. Le système de la capitalisation par périodes tient le milieu entre les deux précédents. Il consiste à constituer, pendant des périodes distinctes, le capital représentatif des rentes payables au cours de la période considérée. Sont couvertes à chaque moment seulement les rentes déjà fixées, mais non les obligations résultant des assurances encore en cours. Les cotisations ne sont nivelées que pendant chacune des périodes, et elles augmentent graduellement de période en période jusqu'au point de permanence.

Application de ces systèmes. — La loi sur l'assurance-accidents a établi le systeme de la répartition, corrigé par une couverture partielle du capital sous la forme de constitution d'un fonds de réserve. Le projet de loi sur l'assurance-invalidité et vieillesse (de 1888) voulait appliquer le principe des primes; mais le Reichstag a préféré le système de la capitalisation par périodes, corrigée elle aussi par la constitution d'un fonds de réserve. *La loi de 1899 est revenue au système des primes, sans fonds de réserve.*

I. — Assurance-invalidité.

1° *Exposé des motifs du projet de loi qui a donné naissance à la loi de 1889.* Le système de la répartition entraîne un accroissement progressif de la charge et grève ainsi l'avenir au profit du présent : il suppose une certaine solidarité qui, assurément, existe entre l'industrie et l'agriculture comme telles ou entre patrons et chefs d'industrie, mais non pas entre ouvriers successivement occupés dans les diverses branches d'exploitations. Pour eux, la charge est essentiellement personnelle : elle ne peut être rejetée sur la postérité.

L'augmentation considérable de la charge serait d'ailleurs périlleuse pour l'ouvrier : il est impossible de dire jusqu'où elle irait. Dans les industries dangereuses surtout, où l'expérience conseillera une surélévation des cotisations moyennes actuelles, le fardeau serait écrasant. L'assurance d'État, malgré l'intervention de l'Empire et des patrons, pourrait un jour, avec un pareil système, devenir plus onéreuse que l'assistance privée contractée aux frais exclusifs de l'ouvrier. De plus, le privilège déjà réel de ceux qui profiteront immédiatement des avantages de la loi, croîtrait ainsi hors de toute proportion.

Quant aux patrons eux-mêmes, déjà fortement grevés par l'augmentation des charges de l'assurance-accidents[1], ils pourraient cruellement souffrir de l'adoption du même système de répartition pour l'assurance-invalidité. La garantie de l'Empire ou des États fédérés deviendrait alors une périlleuse réalité.

Enfin, pour l'assurance-accidents, les charges sont susceptibles de réduction grâce à l'extension des mesures préventives : ici, au contraire, la prévention des maladies ne diminuera point dans la même mesure le nombre des invalides dont elle pourra même prolonger l'existence.

On reproche au système des primes ou de la capitalisation d'exiger un amas considérable de capitaux : ces capitaux, dit-on, rapporteraient davantage si on les appliquait actuellement à l'industrie. Ces craintes sont exagérées. La soustraction à la circulation des capitaux nécessaires ne nuira point à la prospérité industrielle. Les évaluations faites le démontrent, et, à raison des dispositions du projet relatives au délai d'attente, ces évaluations, loin d'être trop faibles, dépasseraient plutôt la réalité.

Semblables accumulations de capitaux, peut-être même plus considérables encore, existent, sans inconvénient, dans les Compagnies d'assurances sur la vie et contre l'incendie, les caisses

---

(1) 1886 : 1.915.366 marks; 1897 : 63.973.548 marcs, pour le service des indemnités seules.

d'épargne, les fondations charitables, etc.. Il ne faut pas oublier non plus que l'Empire ne contribue aux charges qu'au fur et à mesure des besoins annuels.

On objecte enfin la difficulté d'administrer un patrimoine aussi considérable : question de pure organisation! Et, quant aux facultés d'exportation de l'industrie, elles dépendent moins du système de perception que de l'importance même des cotisations et des rentes.

2° *Discussion dans la commission parlementaire et au Reichstag (Résumé des arguments et des modifications).*

Divers députés défendaient devant la Commission le système de la répartition, en exposant : que la capitalisation oblige à constituer des capitaux énormes et fait baisser le taux de l'intérêt, que les premières cotisations seraient trop élevées au préjudice notamment de l'industrie houillère, que le système (au début moins pesant) de la répartition permettrait de faire bénéficier les veuves et les orphelins des avantages de la loi, que le système de la répartition a enfin une portée sociale puisqu'il suppose l'intervention des valides au profit des invalides.

Les Gouvernements fédérés repoussèrent ce système en invoquant le danger de rejeter sur l'avenir des charges incertaines et considérables, et en indiquant que ce système, appliqué à l'assurance-accidents, mécontentait déjà les industriels. Du reste, les capitaux d'assurance-accidents seraient moins importants que ceux immobilisés par les caisses d'épargne, les banques hypothécaires, etc.

La majorité de la commission, effrayée néanmoins de l'énorme accumulation de capitaux annoncés (2 1/3 milliards de marks), se prononça en faveur d'un système intermédiaire, la capitalisation par périodes (*Kapital-deckungsverfahren*). Au lieu de constituer d'emblée pour chaque rente le capital représentatif, on prend en considération des périodes successives d'années et l'on constitue pour chacune d'elles le capital destiné à couvrir le paiement des rentes pendant la durée respective de ces périodes. Les cotisations restent invariables pendant une même période ; elles croissent au contraire de période à période jusqu'au point dit de permanence où il y a équilibre entre l'entrée (en capital) sous forme de cotisations et la sortie sous forme de rentes, pour toutes les périodes ultérieures. De là des cotisations plus fortes au début qu'avec la répartition, mais moins forte que les primes prévues par le projet.

Il est possible d'éviter une augmentation trop brusque des primes en donnant aux périodes une durée convenable et en ayant soin de constituer pendant la première période un fonds de réserve suffisant. Au point de permanence l'accumulation des capitaux doit atteindre un milliard de marks.

Le système tient donc le milieu entre les deux autres ; il établit une certaine solidarité entre les assurés et reporte partiellement la charge sur l'avenir : en effet, à la fin d'une période, les rentes dont le capital versé en vue de cette période devait assurer le service, ne sont pas toutes éteintes, et dès lors les cotisations de la période suivante doivent pour partie contribuer au paiement des nouveaux arrérages de ces rentes anciennes.

3° *Le Reichstag* adopta le système de la commission, après avoir rejeté un amendement en faveur de la capitalisation pure et simple (Rickert, Schmidt. Schrader, tous trois du parti radical).

L'art. 20 de la loi de 1889 dispose par suite que :

« Les cotisations sont hebdomadaires : leur taux est fixé à l'avance, par établissement d'assurance et pour des périodes déterminées. Cette fixation sera faite la première fois pour une période de dix ans à partir de l'entrée en vigueur de la présente loi, et ensuite de cinq en cinq ans.

« Le montant des cotisations sera fixé en tenant compte des non-valeurs par suite de maladie (art. 17, § 2) de manière que ces cotisations couvrent les frais d'administration, les versements au fonds de réserve, les dépenses prévues pour remboursements de cotisation, ainsi que la *valeur capitalisée de la part de l'établissement d'assurances au paiement des rentes que l'on prévoit devoir accorder pendant la période en cours.* »

Lors de l'examen en première lecture, on remarqua, au sein de la commission, que le système nouveau était incompatible avec la *réduction éventuelle de la rente* que prévoyait l'art. 21 du projet. Ce paragraphe disposait que : « Un droit à la rente complète n'existe que si, depuis le commencement de l'assurance jusqu'à la venue de la 70ᵉ année ou de l'invalidité, des cotisations ont été versées, chaque année civile, pour au moins 47 semaines. Il y a lieu de soumettre à une réduction, lors de leur constitution, les rentes des personnes pour lesquelles n'ont été, pendant une année, fournies que pour moins de 47 semaines, ou même dont les cotisations non pas été payées du tout. La réduction a lieu à raison d'une fois et demie [1], le montant de la rente correspondant à

---

(1) On tenait compte dans le calcul, non seulement de la cotisation impayée par le

la somme des cotisations impayées, en y comprenant les intérêts et les intérêts des intérêts. Le Conseil fédéral fixe le taux de l'intérêt, etc., etc...

Cette disposition se concevait parfaitement dans le système des primes, où chaque cotisation de l'assuré couvre une partie de son droit éventuel à la rente, si bien qu'en cas de non-versement, il faut ou bien élever le chiffre des cotisations (ce qui est pratiquement impossible puisqu'on ne peut évaluer à l'avance le nombre ni l'importance des défauts de versements) ou bien réduire les rentes. Mais dans le système de la capitalisation par périodes, la cotisation d'un assuré n'est point destinée à constituer purement et simplement un capital destiné au service de la seule rente de cet assuré : les cotisations de *tous* les assurés ont pour but de couvrir les pensions de *tous* ceux qui deviennent invalides. La réduction proposée aurait donc porté tort à des assurés non fautifs. Le premier remède (élévation du taux des cotisations) est possible puisque les cotisations sont fixées de période en période, de sorte que lors des nouvelles fixations on peut tenir compte des manquants de la période précédente.

L'art. 21 du projet a donc disparu.

Une autre conséquence de l'adoption de la capitalisation par périodes a été le vote de dispositions très précises relatives au *fonds de réserve* qui, dans ce système, acquiert une importance toute particulière (art. 21 de la loi de 1889).

« Les versements au fonds de réserve se calculeront pour la première période de cotisations, de telle façon qu'à la fin de cette période le fonds de réserve s'élève au cinquième de la valeur capitalisée des rentes tombant, selon prévision, à la charge de l'établissement d'assurances pendant la période. Si, à la fin de la première période de cotisation, le fonds de réserve n'a pas atteint la somme préindiquée, le montant sera parfait pendant les périodes suivantes. La répartition sur ces périodes est soumise à la ratification de l'office impérial.

« Les statuts de l'Etablissement d'assurances pourront prescrire que le fonds de réserve ainsi déterminé sera porté au double.

« Aussi longtemps que la somme requise n'est pas atteinte, le fonds de réserve et les intérêts ne peuvent être entamés que dans le cas de besoins urgents et avec l'autorisation de l'office impérial.

---

patron et l'assuré mais aussi de la part correspondante au supplément de rente à fournir par l'Empire. L'Empire, d'après le projet, intervenait pour un tiers. Il fallait donc, pour arriver à un résultat exact, prendre une fois et demie le montant des cotisations effectivement défaillantes.

4° *Débats parlementaires divers postérieurs à l'entrée en vigueur de la loi.* — Le 9 décembre 1893, M. Aichbichler, demandant une revision de la loi, protestait contre le système de la capitalisation, « que l'on a eu le tort de préférer à la répartition, et qui a pour effet d'alourdir ces charges déjà considérables. »

Le 10 janvier 1894, M. von Staudy reprenait les reproches dirigés contre le système de la capitalisation par périodes et l'immobilisation de capitaux considérables que ce système suppose. D'après ce député, la cotisation étant en vertu de la loi arrêtée d'après des principes fixes qui ne tiennent aucun compte de la valeur du travail de l'ouvrier ni de celle du produit, il en résulte que, parmi les industries de même espèce, les mieux partagées au point de vue de la productivité de l'ouvrier sont aussi celles qui supportent les charges relativement les moins lourdes. M. von Staudy demanda qu'on en revînt à la répartition, en tenant compte plus équitablement qu'aujourd'hui des forces respectives de chacun.

Le ministre de l'Intérieur, M. von Bötticher, répondit, sur ce point, que le système de la répartition était inacceptable au point de vue financier.

Le Reichstag s'est prononcé en faveur d'une revision de la loi de 1889, mais en indiquant plus spécialement qu'il avait en vue la modification ou suppression du système des timbres-quittance. Rien ne fut changé au point de vue du principe.

5° *Projet de loi déposé le 26 février 1897 : exposé des motifs.* — Au nombre des arguments qui militent contre une fusion de l'assurance-invalidité et de l'assurance-accidents, le Gouvernement compte l'impossibilité de revenir, en ce qui concerne la première, au système de la répartition.

« Si cette fusion devait s'accomplir, il faudrait nécessairement en venir à l'unification du système des cotisations, en adoptant uniquement soit le système de capitalisation par périodes (*kapitaldeckungsverfahren*) de l'assurance-invalidité actuelle, soit le système de la répartition de l'assurance-accidents. Mais l'adoption du système de répartition pour l'assurance-invalidité n'est nullement recommandable. Les objections faites au cours des travaux préparatoires de la loi de 1889 ont gardé toute leur vigueur. Il suffit de rappeler combien serait lourd à supporter un accroissement annuel non plus seulement des charges d'accidents mais encore des cotisations destinées au service de l'assurance-invalidité..... D'après les mémoires mathématiques annexés aux projets, les cotisations-accidents correspondant au seul service des indemnités doivent augmenter, de 1894 à l'année où sera probablement atteint le point de permanence, de 360 p. 100 (pour l'industrie) et de 500 p. 100 pour l'agriculture. Appliqué à l'assurance-invalidité, ce système aurait nécessairement pour conséquence une importante et constante augmentation, dont la charge serait vivement ressentie, non seulement parce qu'elle se compliquerait de l'accroissement des cotisations-accidents, mais davantage encore parce qu'elle frapperait cette fois aussi bien les ouvriers que les patrons (En sens inverse, ajoute l'exposé des motifs, l'adoption du système de la capitalisation pour l'assurance-accidents aurait pour conséquence une augmentation considérable des charges imposées aux patrons actuels, et serait par suite difficilement acceptée). »

Loi de 1899 : retour au système des primes. — L'art. 32 de la loi de 1899 est ainsi conçu [1] :

Les contributions qui doivent être payées par semaine de contribution, sont fixées uniformément, par le Conseil fédéral, par classes de salaires (art. 34) au début de périodes déterminées, dont la première doit prendre fin au 31 décembre 1900 et dont les suivantes doivent comprendre chacune 10 années.

Les contributions doivent être calculées de manière à faire face à la valeur des capitaux des pensions dont le service est à la charge des institutions d'assurance, aux remboursements des contributions et aux autres dépenses des institutions d'assurance.

Dans les diverses classes de salaires, les contributions doivent être fixées au même taux pour tous les assurés et ne doivent être graduées que d'après la valeur moyenne des pensions que les institutions d'assurance doivent allouer dans chacune de ces classes.

Avant l'expiration des périodes fixées au § 1, l'Office impérial des assurances doit examiner la valeur des contributions. Il doit être alors tenu compte des déficits ou des excédents résultant de la perception des contributions antérieures, de manière à établir l'équilibre par les nouvelles contributions eu égard aux effets des dispositions de l'art. 125.

Jusqu'à ce qu'une autre contribution ait été fixée, on doit, dans chaque institution d'assurance, recouvrer à titre de contribution hebdomadaire :

Dans la 1re classe de salaire	14 pfennigs.
2e — —	20 —
3e — —	24 —
4e — —	30 —
5e — —	36 —

Toute autre détermination des contributions est subordonnée au consentement du Reichstag.

---

[1] Trad. de M. Bellom, *Bulletin* 1899, p. 379.

Il est à remarquer que cet article résume et coordonne les dispositions éparses dans les articles 20, 24, 96, 97, 98 de la loi de 1889. Il correspond à l'art. 20 du projet du gouvernement. Les nombreuses différences qu'il présente avec cet art. 20 y ont été introduites par la Commission.

En ce qui concerne particulièrement la question qui nous occupe, l'*Exposé des motifs* du projet de loi (p. 264) et le mémoire mathématique y annexé (p. 3) s'expriment ainsi :

« D'après la loi en vigueur, les cotisations doivent être fixées à nouveau pour chaque période. On devait s'attendre à voir les cotisations augmenter, de période en période jusqu'au point de permanence, à raison de l'augmentation même du nombre des rentes. On craignait aussi que les calculs ne fussent en partie inexacts et que les besoins réels ne se trouvassent supérieurs aux prévisions. L'expérience a prouvé que ces craintes étaient injustifiées, et les prévisions se trouvèrent exactes. Pour dissiper les craintes ainsi exprimées au début de l'application de la loi, on majora de 15, 25 ou 30 p. 100 les cotisations résultant des calculs pour les classes de salaire II à IV, et en outre on majora de 20 p. 100 ces mêmes cotisations ainsi que celles de la classe I afin de constituer un fonds de réserve. Ces majorations, supérieures à tous les besoins, et le fait que, d'après les expériences recueillies jusqu'ici, le risque d'invalidité est plus faible et la mortalité des invalides plus forte qu'on ne l'avait admis, ont eu pour conséquence que les cotisations fixées pour la première période non plus seulement suffisent pour cette période, mais encore suffiront sans doute d'une façon permanente pour couvrir les charges à venir, charges appelées à augmenter d'année en année. Les cotisations admises pour la première période dans le système de la capitalisation par périodes, se sont trouvées en fait équivalentes aux cotisations, constantes pour toutes les périodes, qu'aurait exigées l'application du système des primes moyennes. »

A la *Commisssion*, on fit remarquer que le texte proposé par le Gouvernement et commenté ainsi qu'on vient de voir, introduisait dans la loi le système des primes moyennes et supprimait la capitalisation par périodes. Ce retour au système préconisé en 1888, fut-il dit, était un des principaux progrès réalisés par le projet, car le système de la capitalisation par périodes avait pour grand inconvénient de faire payer au début des cotisations assez faibles et de les augmenter progressivement dans des proportions considérables. On fit aussi remarquer qu'il serait plus facile, dans l'avenir, d'organiser l'assurance des veuves et orphelins, si les primes d'invalidité étaient fixées une fois pour toutes sans qu'on eût à prévoir d'augmentation de ces charges.

Devant le *Reichstag*, le Gouvernement n'eut pas de peine non plus à faire adopter ce retour au système de 1888; il rassura ceux qui craignaient que ce système n'empêchât désormais les établissements d'assurance de consacrer des fonds importants au traitement des malades, et il déclara que, à vues humaines et selon les actuaires, les cotisations actuellement perçues suffiraient en tous cas à couvrir d'une façon permanente les charges nées et à naître. (En effet le même article 32 fixe les cotisations à percevoir jusqu'à nouvel ordre au taux déjà établi par l'art. 96 de la loi de 1889 pour la première période).

Le § 1 de l'art. 32 parle encore de périodes (il les porte du reste à 10 ans au lieu de 5), mais il résulte de ce qui précède que, en fin de période, il n'est procédé qu'à une simple revision du taux des cotisations, et non plus à une augmentation inévitable.

Le § 2 réalise la réforme indiquée, en se bornant à dire que les cotisations devront couvrir la valeur en capital des arrérages de rentes tombant à la charge des établissements. On remarquera de plus que le calcul porte désormais pour l'ensemble des établissements.

L'art. 21 de la loi de 1889 tombe : il est devenu inutile, d'après le Gouvernement, de constituer un fonds de réserve. Les capitaux accumulés jusqu'ici à ce titre vont grossir le patrimoine des établissements.

II. Assurance-accidents.

Les lecteurs du *Bulletin* sont trop au courant des discussions sur le système de la répartition adopté par le législateur de 1884, pour qu'il soit nécessaire d'en refaire l'histoire. Nous n'avons donc, ici qu'à prendre acte des tentatives faites cette année pour substituer au système de 1884 le système adopté pour l'Invalidité :

Le Gouvernement n'avait, dans son projet de refonte des lois sur les accidents (déposé en janvier 1900), prévu aucune modification au régime financier institué par la loi de 1884 (art. 10). Il s'était borné à modifier, en tenant compte des nécessités de la vie industrielle, les prescriptions relatives au calcul des salaires qui servent de base à la répartition des dépenses en fin d'exercice, à régler le régime des avances exigibles en cours d'exercice et la situation des patrons étrangers. En ce qui concerne le fonds de réserve (art. 18 de la loi de 1884), il se bornait à autoriser le libre emploi des intérêts dès que le fonds de réserve atteignait le double du montant annuel des « indemnités » et non plus des « indemnités et frais d'administration. » Rien dans l'exposé des motifs ne vise donc la question de principe.

A part quelques modifications de détail, la Commission et le Reichstag ont adopté les propositions du Gouvernement, relatives aux premiers points. Mais lorsque la discussion s'est ouverte sur le paragraphe relatif au fonds de réserve, des opinions si radicales ont été exprimées, que la Commission crut devoir en compléter l'analyse, parue dans son rapport, par une publication spéciale, reproduisant *in extenso* les divers discours prononcés. Ces débats furent assez amples pour que, devant le Reichstag, la question ait pu être traitée assez rapidement et pour que le texte issu des travaux de la Commission, ait pu être voté sans aucune modification. Nous le donnons, tel qu'il a passé dans la loi; nous le rapprochons des dispositions anciennes.

<table>
<tr><td align="center">Loi de 1884.</td><td align="center">Loi de 1900.</td></tr>
</table>

ART. 18, § 1. Les corporations doivent constituer un fonds de réserve. Pour la constitution de ce fonds, il doit être prélevé à titre de contribution supplémentaire, s'ajoutant à celle qui résulte du service des indemnités une quote-part de celle-ci égale à 30 p. 100, lors de la 1re répartition des charges, 200 lors de la 2e, 150 lors de la 3e, 100 lors de la 4e, 80 lors de la 5e, 60 lors de la 6e, et décroissant de 10 en 10 p. 100, jusqu'à la 11e répartition. A l'expiration de la période des 11 premières années, les intérêts du fonds de réserve doivent être versés à ce fonds jusqu'à ce qu'il ait atteint le double des dépenses annuelles. Si ce dernier cas se présente, les intérêts peuvent, en tant que le montant du fonds de réserve excède le double des dépenses de l'année, être

ART. 34.

Idem.

A l'expiration de la période des 11 premières années, et si, lors de l'entrée en vigueur de la présente loi, la 11e année est déjà dépassée, à dater de cette dernière date, les corporations doivent chaque année ajouter, et cela en tenant compte des intérêts au fonds de réserve légal existant à chacune de ces dates : pendant 3 ans employés à faire face aux charges de la corporation.

10 p. 100 chaque année, puis, en procédant par période de 3 ans, à chaque période 1 de moins, jusqu'à ce que ces versements supplémentaires retombent à 4 p. 100. A l'expiration de cette période, il devra être pris sur les intérêts du fonds de réserve les sommes nécessaires pour empêcher une nouvelle augmentation de la contribution payable en moyenne pour une personne assurée. Le reste des intérêts devra être ajouté à son tour au fonds de réserve.

La Commission s'était trouvée dès l'abord, en présence de trois amendements relatifs à l'augmentation du fonds de réserve ou même au changement de système financier.

Le premier tendait à ajouter au paragraphe 1 de l'art. 10 (Les ressources nécessaires pour couvrir les indemnités... et les frais d'administration sont constituées par des contributions qui sont réparties chaque année, etc.....) un paragraphe ainsi conçu :

« Ces contributions doivent être calculées de telle façon qu'elles couvrent, outre les autres dépenses de la corporation, la valeur en capital des rentes. »

· Le deuxième amendement était ainsi conçu :

« A dater de l'entrée en vigueur de la présente loi, les corporations dont le fonds de réserve a déjà atteint le double des sommes nécessaires pour le paiement des indemnités de l'année, doivent, jusqu'en 1930, et celles dont le fonds de réserve n'a pas encore atteint ce niveau doivent, après l'avoir atteint, pendant 30 ans encore, ajouter au fonds de réserve légal les intérêts de ce fonds, ainsi que, chaque année, 2 p. 100 du montant de ce fonds. La majoration de 2 p. 100 est répartie avec les contributions. »

Le troisième amendement contenait à peu près les mêmes dispositions que le deuxième.

Ces deux derniers amendements tendaient, moins directement que le premier, au même but : remplacer à plus ou moins brève échéance la répartition par le système de couverture du capital ;

La Commission, pour se documenter, eut à sa disposition :

1° Le graphique ci-après qui permet de comparer la courbe des contributions dans les deux systèmes ;

2° Le mémoire publié par l'établissement d'assurance de la

Basse-Autriche, qui compare les divers systèmes et reproduit les opinions de spécialistes de divers pays;

3° Une partie du mémoire mathématique annexé au projet de loi de 1899 sur l'assurance-invalidité, partie relative aux charges de l'assurance contre les accidents[1].

L'auteur de la proposition de substitution d'un système à l'autre rappelle que, dans peu d'années, les contributions exigibles par voie de répartition atteindront le taux qui aurait dû être fixé dès le début de l'assurance si l'on avait adopté la couverture du capital, et que, vers 1908, elles égaleront les contributions qui devraient être perçues à partir de maintenant, si l'on acceptait aujourd'hui de substituer un système à l'autre. Les surcharges qu'il faudrait s'imposer ensuite pendant environ dix ans seraient amplement compensées dans la décade suivante par le fait que les contributions n'augmenteraient plus. Et, finalement, l'industrie éviterait de payer 50 p. 100 de plus que dans le système actuel. D'où les conclusions suivantes :

a) Le système de répartition soustrait à l'industrie au bout d'un certain temps des capitaux beaucoup plus considérables que les capitaux exigés pour la couverture de ce capital.

b) Le système de répartition a pour conséquence une charge annuelle croissante de l'industrie qui dépasse de beaucoup les contributions du système de couverture.

c) Le système de répartition aura dans peu d'années des effets plus sérieux sur les prix de revient que le système de couverture.

d) Le système de répartition élèvera dans l'avenir, plus que ne le ferait l'autre système, le prix des marchandises et non seulement compromettra la capacité de concurrence de la nation vis-à-vis de l'étranger, mais encore aura un effet fâcheux sur la demande dans le pays même.

e) Le système de répartition exige des personnes assujetties obligatoirement à l'assurance, des contributions croissantes qui vont jusqu'à dépasser de 60 p. 100 les sommes versées à l'assurance libre (sous le régime de la couverture, les prestations supposées égales), c'est-à-dire jusqu'à imposer une charge supérieure de 60 p. 100 aux charges que supporterait l'industrie étrangère si elle était assurée et si les prestations étaient les mêmes.

f) Le système de répartition entraîne une si forte augmentation

---

[1] Reproduite dans le *Bulletin du Comité permanent*, 1899, p. 575.

des contributions annuelles qu'il devient dangereux d'imposer à l'industrie de nouvelles charges ; il empêche donc de développer le système de protection ouvrière.

Les autres orateurs furent d'accord avec le premier pour déclarer que le système de la couverture du capital est, en théorie, le plus juste, et que, s'il s'agissait d'une loi entièrement nouvelle, il faudrait de toute évidence le choisir. Ils s'étonnèrent aussi qu'en Autriche, dans un pays qui a adopté le système de couverture, des voix s'élèvent actuellement en faveur du système de répartition. Mais de divers côtés on exprima des craintes à la pensée qu'un passage de l'un à l'autre système aurait pour effet une brusque et très forte hausse des contributions (60 p. 100), hausse qui frapperait et mécontenterait, surtout les corporations qui ont déjà de très fortes répartitions à subir.

En ce qui concerne même l'agriculture, la situation est telle qu'il est impossible de songer à accroître ainsi ses charges. Or, on ne saurait conseiller de choisir un système différent selon qu'il s'agit d'industrie ou d'agriculture.

Par contre, tous reconnurent qu'il convenait d'améliorer la situation financière des corporations, amélioration qui pouvait consister en une augmentation du fonds de réserve déjà accumulé ; en particulier, ce procédé répondrait le mieux aux exigences de la situation de l'agriculture.

L'auteur de l'amendement principal ayant appuyé ses considérations sur les calculs officiels reproduits dans le mémoire mathématique de 1899, un représentant du Gouvernement défendit ces calculs contre les critiques faites par divers orateurs. Ces calculs se résument ainsi (voir aussi la note à gauche du graphique ci-dessus) : Fin 1897, on pouvait évaluer (par assuré), à 12 Mks 36 (15 fr. 45) la contribution uniforme qui aurait dû être exigée dès le début, avec le système de la couverture, tandis que la contribution effective, avec le système de répartition, s'élevait à 8 Mks 68 (10 fr. 83). La surcharge exigible pour amortir le déficit de capital constaté fin 1897 serait de 1 Mk 28, ce qui porterait la contribution uniforme à exiger dorénavant à 12 Mks 36 + 1,28 = 13 Mks 64 (17 fr. 05) tandis que dans le système actuel les contributions doivent monter jusqu'à 20 marcks (25 francs). Il s'agit des corporations industrielles. Nous renvoyons, pour l'examen du procédé de calcul employé, à la traduction que nous en avons publiée.

Un orateur ayant exprimé le regret qu'on n'eût pas pris pour base

BIBLIOTHÈQUE NATIONALE
R. F.
IMPRIMÉS

RÉPARTITION OU CAPITALISATION. — RÉSULTATS ATTEINTS AVEC LES DEUX SYSTÈMES

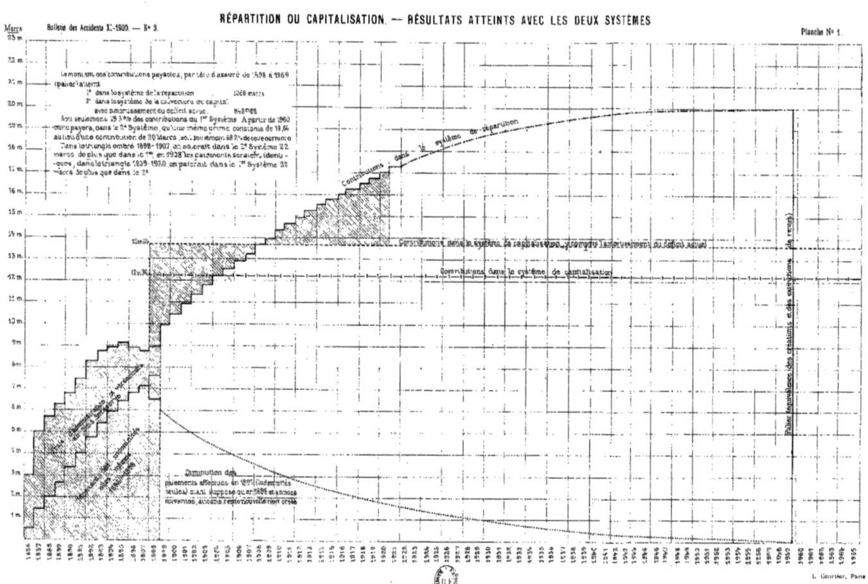

le nombre des *vollarbeiter* (unités de 300 jours de travail), il lui fut rappelé que dans le mémoire, le nombre des ouvriers est supposé constant ; il importe peu dès lors que l'on ait considéré les ouvriers effectifs. Il s'agissait avant tout d'établir un rapport entre le coût des deux systèmes et d'établir une courbe : or le rapport est le même, que les nombres absolus soient un peu plus ou un peu moins élevés.

Un autre orateur objecta que les bases du système de couverture sont peu sûres : l'expérience de la corporation des travaux en profondeur (1), l'a suffisamment démontré. Le commissaire du gouvernement répondit que, sans doute on avait dû modifier à plusieurs reprises les tarifs de capitalisation adoptés pour les rentes *de blessés* dans cette corporation, tandis que les calculs faits pour les rentes de survivants s'étaient révélés exacts ; la difficulté, en ce qui concerne les premières, réside en ce qu'on n'a pas toujours distingué correctement la rentrée du blessé dans la vie active de la réduction de rente. Mais, dans les calculs étudiés ici, cette distinction n'a pas de raison d'être, car on a calculé la *courbe de diminution de l'ensemble des indemnités*, et non des tables d'extinction de rentes pour les diverses catégories de pensionnés.

La Commission conclut sa première lecture en décidant d'augmenter le fonds de réserve, sauf à faire calculer entre les deux lectures le procédé le plus rationnel d'augmentation.

Lorsqu'elle passa à la deuxième lecture de l'article, la Commission se trouva en présence d'un amendement qui proposait de se contenter de périodes de cinq ans et d'un autre qui recommandait l'adoption de périodes plus courtes (3 ans). C'est ce dernier qui est devenu loi. La Commission fut unanime à penser que les majorations devaient être maintenues aussi longtemps qu'on n'aurait pas atteint un fonds de réserve, tel que les intérêts en puissent suffire pour permettre de fixer la contribution à un taux tenant à peu près le milieu entre la prime, payable d'après le système de couverture, et la contribution maxima prévue d'après le système de 1884. Les discussions portèrent seulement sur la rapidité avec laquelle il fallait atteindre ce *stadium* : la Commission s'est prononcée pour le procédé le plus rapide. En somme, dès que les contributions à répartir atteindront 16 ou 17 marks, les accroissements ultérieurs de contributions pourront être payés au moyen des intérêts du fonds de réserve alors disponible.

---

(1) Cf. notre étude sur la situation financière de cette corporation dans le *Bulletin* 1898, p. 425.

Voici, d'après un mémoire du gouvernement, quelles sont les *conséquences financières du système adopté* en deuxième lecture par la Commission, puis par le Reichstag.

Ce nouveau mémoire rappelle d'abord que l'augmentation des contributions aurait duré, les salaires supposés sans changements, jusqu'à ce que l'entrée relative de nouveaux ayants-droit eût été compensée chaque année par la disparition relative des ayants-droit existants. L'accroissement, à l'avenir, de ces contributions peut être assez exactement déduit des expériences déjà recueillies sur la durée de continuation du paiement des rentes. Nous avons donné le tableau complet jusqu'à l'année 1897 inclusivement dans notre traduction du mémoire précédent [1]. Nous nous bornerons à le compléter pour 1898.

Corporations industrielles		Corporations agricoles	
Sommes payées *pour la 1re fois*	Sur les rentes indiquées dans la 1re colonne, continuèrent a être payées en	id.	id.
en par 1000 Mks.	1898 par 1000 Mks.	par 1000 Mks.	par 1000 Mks.
1885-86....... 1730,6	1010,0		
87....... 3053,5	1494,6		
88 3625,8	1861,1	42,9	89,8
89....... 4271,6	2207,0	604,0	317,4
90....... 4942,1	2717,2	1212,2	528,6
91....... 5255,9	2976,3	1822,8	828,7
92...... 5583,8	3130,5	2114,2	988,2
93....... 5830,4	3473,8	2460,2	1218,4
94 6138,1	3754,5	2809,0	1458,1
95.... ... 6336,2	4110,1	3064,2	1737,6
96....... 7137,0	5175,0	3557,1	1233,6
97...... 7590,2	7475,9	3639,2	3159,2
98....... 8298,8	8298,8	3664,1	3664,1
Totaux.......	47684,8		15173,7

On a déduit de ces chiffres les contributions relatives suivantes [2]; nous ne les citons que de 10 en 10 ans; elles sont calculées par assuré et y compris les frais d'administration.

---

(1) *Bulletin* 1899, p. 575.

(2) Il va sans dire que les contributions ainsi calculées n'expriment pas exactement les sommes qui seront nécessaires, car, en fait, le nombre des assurés et le montant des salaires vont varier, tandis qu'ici ils sont supposés constants ; la hausse des salaires ferait augmenter les chiffres ci-dessus, et l'augmentation du nombre d'ouvriers ralentirait l'accroissement des contributions. En outre, il n'est pas tenu compte dans ces calculs de l'effet des modifications apportées au taux des indemnités par la loi du 30 juin 1900 : à elles seules les modifications du taux de rentes d'orphelins (de 15 à 20 p. 100) et du mode de calcul du salaire de base auront pour effet d'augmenter de 8 p. 100 les charges.

	C. indust.	C. agricoles			C. indust.	C. agricoles.
	Mks	Mks			Mks	Mks
1901	10,85	2,18		1940	19,65	4,17
1910	14,30	3,11		1950	19,91	4,26
1920	17,00	3,72		1960	20,00	4,30
1900	18,00	4,03				

Or le législateur a décidé que le fonds de réserve devait être un jour tel que, en affectant ses intérêts à compléter les contributions, on pût maintenir celles-ci à un niveau constant, tenant lé milieu entre la prime mathématiquement nécessaire et la contribution maxima résultant de l'application du système de répartition. Cette moyenne ressort à 16 Mks 50.

Ce niveau constant doit être atteint en 1922, et jusque-là les intérêts du fonds de réserve grossiront ce fonds, qui sera augmenté

de 1901 à 1903 de 10 p. 100 de son montant annuel.

1904 à 1906	9	—	—
1907 à 1909	8	—	—
1910 à 1912	7	—	—
1913 à 1915	6	—	—
1916 à 1918	5	—	—
1919 à 1921	4	—	—

. Le mémoire établit que le fonds de réserve devra représenter 80 Mks 384 par assuré pour que le système puisse jouer. Or fin 1898 il n'était que de 20 Mks 67. En supposant le même taux maintenu au 1er janvier 1901, on peut calculer ainsi les progressions du fonds entre les deux dates suivantes :

	1901	1921	1922
	Mks	Mks	Mks
Montant du fonds au début de l'année	20,67	81,99	85,27
Majoration (y compris les intérêts) p. 100 de la somme ci-dessus	10	4	»
Montant de cette majoration par tête d'assuré après déduction de 3 1/2 p. 100 d'intérêt	1,34	0,41	»
Contribution annuelle par tête d'assuré :			
Pour les indemnités et frais d'administration (contribution de répartition)	10,85	17,20	»
Y compris la majoration ci-dessus	12,19	17,61	»

Il y a donc une marge de 4 Mks 886 entre le fonds de réserve nécessaire et le fonds qui sera réellement atteint d'après ces calculs; ce qui permet d'envisager sans crainte la perspective d'une baisse du taux de l'intérêt.

Le mémoire établit aussi le développement du fonds à partir de 1922 :

	1922 Mks	1958 Mks	1966 Mks
Montant du fonds par assuré au début de l'année	80,384	99,9953	100
Intérêts 3 1/2 p. 100 de ce fonds	2,813	3,4998	3,50
Contribution à répartir	17,40	19,99	20,00
La contribution affectivement répartie n'étant que de 16 Mks 50 restent :			
Intérêts affectés à compléter cette contribution.	0,90	3,49	3,50
A grossir le fonds	1,913	0,0098	»

(Pour les corporations agricoles que la loi de 1884 n'obligeait pas à constituer des réserves, la loi de 1900 se borne à exiger le versement à un fonds de réserve de 20 p. 100 de la contribution annuelle, jusqu'à ce que la réserve atteigne le double de la somme nécessaire pour couvrir les dépenses de l'année).

Ainsi que nous l'avons dit, le Reichstag n'a consacré qu'un moment à l'examen de cette question, à la fin de la séance du 7 mai 1900.

M. de Stumm constata d'abord que les industriels protestataires avaient mal compris le projet de la Commission, ils avaient cru que les versements au fonds de réserve devaient atteindre 10 p. 100, etc..., du fonds plus les intérêts de ce fonds, alors qu'ils atteignent ce taux *y compris* les intérêts et qu'en fin de compte c'est non pas 1.100 millions de marks, mais seulement 500 et quelques millions de marks qu'il s'agit de verser. Néanmoins M. de Stumm protesta lui-même contre les charges imposées aux corporations et contre le procédé qui consiste à faire payer pendant 21 ans aux corporations l'erreur commise au début par le législateur de 1884.

M. Hilbck, qui représente avec M. de Stumm la grande industrie de l'Ouest, aurait également préféré le *statu quo*. Il estime que ce n'est pas le capital mort, mais bien la vitalité de l'industrie qui constitue la meilleure garantie pour l'avenir des assurés.

M. Lehr qui, dès 1884, avait été partisan de la capitalisation, reconnut qu'il était impossible d'imposer aux corporations une brusque surcharge qui serait en moyenne de 5 marks par tête d'assuré, mais qui atteindrait dans certains cas 10 et même 20 marcs.

M. Schmidt, l'auteur du projet de substitution du système de couverture du capital au système de la répartition, défendit brièvement ses idées en demandant de voter au moins le projet de la Commission.

M. Rösicke, l'ancien président de l'Union des corporations, se félicita de voir que, grâce au compromis adopté par la Commission. les contributions vont avoir désormais une certaine fixité.

Enfin M. Hitze, le porte-parole du comité catholique, tout en restant partisan de la répartition, admit le compromis, prenant en considération la prospérité actuelle de l'industrie.

www.ingramcontent.com/pod-product-compliance
Ingram Content Group UK Ltd.
Pitfield, Milton Keynes, MK11 3LW, UK
UKHW022247070726
13613UKWH00005B/2149

9 782019 983093